# DARCY RIBEIRO

# CULTURA E ALIENAÇÃO

CADERNOS ULTRAMARES

ORGANIZAÇÃO E PROJETO GRÁFICO

**Marcos Lacerda, Ana Paula Simonaci e Sergio Cohn**

CONSELHO EDITORIAL

André Botelho

Bernardo Esteves

Boaventura de Souza Santos

Evelyn Goyannes Dill Orrico

Fréderic Vanderberghe

José Luis Garcia

Maria João Cantinho

Renato Rezende

Teresa Arijón

Vagner Amaro

ISBN 9786586962789



**azougue press** |
**coordenação geral** Sergio Cohn
**coordenação editorial**
Sergio Cohn — Darien Lamen — Cristián Jiménez Plaza
**Brasil** | CNPJ 12.272.339/0001-26
**Portugal** | Oca Editorial NF 515805394
**USA** | E. Id. 803650511
**Chile** | Tucán Ediciones RUT 77.369.106-1

*A proposta dos Cadernos Ultramares é transpor frontei-
ras. Não apenas geográficas, com a edição de um amplo pa-
norama do pensamento brasileiro para o público português,
mas também entre as áreas do saber, criando uma coleção
transdisciplinar, acessível não apenas para leitores especializado, pesquisadores e acadêmicos, como para interessados
em geral.*

*Para isto, os Cadernos Ultramares privilegiam a leveza do
ensaio, a "brigada ligeira", utilizando-se de um gênero marcado pela abertura e experimentação, uma forma privilegia-
da para a proposição e a apresentação de interpretações da
cultura e da sociedade. Nos últimos anos, o gênero ensaio tem
sido revalorizado como um importante meio de diálogo entre
a pesquisa acadêmica e a sociedade.*

*O Brasil possui uma produção riquíssima de pensamento
em diversas áreas, que vão da física à antropologia, da matemática às artes. Os Cadernos Ultramares, ao trazerem im-
portantes textos de alguns dos nossos mais renomados pensadores, sejam clássicos ou contemporâneos, busca possibilitar
ao leitor um olhar amplo e qualificado sobre essa produção.*

*Interessa-nos a constituição de um diálogo entre áreas, de
uma conversa aberta que escape das armadilhas do pensamento especializado e do produtivismo acadêmico. Interessa,
antes de tudo, a valorização do encontro do leitor com o sabor
do texto, do prazer da leitura e da troca livre de pensamento.*

# apresentação

POR maria elisabeth brea

São muitas as definições para Darcy Ribeiro e são inúmeros os fazimentos que pontuam sua trajetória como pensador original movido por inquietudes e indignações. Mas o que pode melhor caracterizar seu itincrário como intelectual e político é sua paixão pelo Brasil, pela América Latina, e sua avidez em compreender este país, este continente, e sua posição no mundo.

O espírito de atuação pública que se vê nos primeiros passos como etnólogo do Serviço de Proteção aos Índios toma contornos mais nítidos a partir da sua parceria com Anísio Teixeira, iniciada no Instituto Nacional de Estudos Pedagógicos, que, de acordo com o próprio Darcy "ensinou-lhe a duvidar e a pensar". E essa expressão acompanhou-o por toda a vida como político, quando ocupou cargos na esfera do Executivo e do Legislativo, como escritor, e mesmo como cidadão.

Considerado um dos maiores intelectuais brasileiros, com uma produção ímpar como antropólogo, educador, escritor, político, Darcy é um exemplo de intelectual realizador que não podia se desengajar das responsabilidades e da atuação pública, que associa teorias e pesquisas com ações políticas de transformação, sempre acompanhadas por um discurso apaixonado.

A relação dialética entre pensamento e ação, presentes ao longo de toda sua vida, estão refletidas na sua obra. O Museu do Índio, o Parque Indígena do Xingu, a Universidade de Brasília, os Centros Integrados de Educação Pública-CIEPs, o Sambódromo são algumas de suas muitas realizações associadas diretamente à sua personalidade desafiadora e comprometida. Em cada um desses fazimentos Darcy imprimiu novas ideias, conceitos inovadores que persistem: um museu contra o preconceito, uma nova concepção de área indígena como um território culturalmente concebido e ecologicamente viável, uma universidade que se pretendia ser modelo com a dupla função de dominar o conhecimento científico e estimular a formação de quadros conscientes de sua identidade brasileira, uma educação básica inclusiva, e uma passarela que fosse templo do samba e centro educacional.

Face aos inúmeros artigos e livros que se tornaram referências para o pensamento social brasileiro, selecionar dois textos para esta edição do Cadernos Ultramares, que pudessem sincretizar seu pensamento, suas vivências, suas visões, não foi tarefa simples.

O texto "Cultura e alienação" é um dos capítulos de *Teoria do Brasil,* um livro considerado clássico, que consiste numa síntese teórica de seus livros anteriores — *O processo civilizatório, As Américas e a civilização, Os índios e a civilização, Dilema da América Latina* — escritos nos anos de 1968 e 1974, durante o exílio, e reunidos numa série que chamou Estudos de Antropologia da Civilização. Essa série seria finalizada, anos mais tarde, mais precisamente em 1995, com *O povo brasileiro.*

Darcy faz uma análise sobre a cultura brasileira como vivência e comprometimento, como produção simbólica, como compartilhamento de experiências e propósitos. Os conceitos de aculturação, desculturação, marginalidade, defasagem, alienação cultural conduzem ao entendimento de como a sociedade brasileira vem se formando. Contrário à crença na neutralidade da ciência, Darcy afirma que o pesquisador não pode ser um agente colonizador, é preciso estabelecer compromissos éticos e políticos.

O conceito de alienação, que ao longo dos anos pode ter perdido relevância no debate acadêmico, ganha nos tempos atuais uma necessidade urgente de reflexão diante do contexto obscurantista, reacionário e intolerante que insiste em perseverar entre nós. No texto, Darcy discute a alienação fundamental presente no Brasil desde vários séculos e que consiste em absorver a consciência do outro, em vez de ter a consciência de si mesmo. Acreditando na ação do agente humano no processo de transformações autoconscientes, seu objetivo era poder contribuir para que se apresentasse ao brasileiro comum um discurso mais realista e mais convincente sobre o Brasil, a fim capacitá-lo a atuar de forma mais objetiva e eficaz na transformação da nossa sociedade. Outras categorias também presentes como povo e nação se mostram pertinentes para o entendimento das sociedades brasileiras e latino-americanas, a pluralidade e autodeterminação das pessoas e os grupos que as constituem.

"Ivy-marãen, a terra sem males, ano 2997" é um texto original que projeta a sua nação do futuro. Darcy gostava de se sentir imortal, vencer o tempo e o esquecimento, de fazer projetos, permanecer na memória das gerações futuras e pensar a longo, longuíssimo prazo. Escrito por encomenda do Senado Federal, o texto foi publicado, primeiramente, em 1997.

A bordo de uma nave, Darcy e seu companheiro Piing sobrevoam o continente Ivy-Marãen, sua terra mítica, seu lugar de resistência, sua utopia construída/concretizada. Percorrem a Amazônidas, Incário, Pantanal, Sulinos, Benninos, Brasília, Rio, Bahia e as Praias mornas.

No Ivy de Darcy habitam os ivynos, um conjunto de povos diferenciados conforme cada região visitada, transfigurados a partir de povos testemunhos, dos povos transplantados, unificados pela fusão de uma só língua. No berço dos povos novos, localizados, em grande parte, no antigo Brasil, encontram-se as bases humanistas de quem se consolidou a partir do desfazimento de outros povos, povos que conseguiram superar a violência do genocídio e do etnocídio para se depurar em grandeza e alegria de viver. Quem sabe serão aqueles que poderão protagonizar o pacto da futura aliança com a terra.

Um povo homogêneo no mesmo tronco linguístico, porém diferenciado em sua expressão de vida. Um caleidoscópio ou mesmo uma colcha de retalhos, fruto das inúmeras possibilidades de composição desses feixes de ancestralidades, um mosaico de humanidades.

Na descrição dessa macro-nação imaginada Darcy explicita sua voracidade pelo conhecimento, sua convicção na vida em harmonia e no respeito à natureza como a forma mais avançada de viver dos homens. Estão presentes a universidade desejada, seu gosto pela tecnologia com as tabletas bizantinas, seus medos e prazeres, seu encantamento pelas mulheres e seu otimismo incondicional na geração de sociedades mais generosas e felizes.

Ler Ivy nos conduz inevitavelmente a um passeio por outras obras: *Os índios e a civilização, O processo civilizatório, A universidade necessária, Maíra, Utopia selvagem...*

A viagem desvela também sua paixão pela literatura como expressão maior da criatividade, do conhecimento, da afetividade e dos sentimentos. Esse gosto está presente em toda sua produção contribuindo tanto para formar e auxiliar sua tarefa de compor 'espelhos para os ver', como afirma Haydée Coelho.

Se "Cultura e Alienação" é tido como um texto teórico, resultante dos seus Estudos de Antropologia da Civilização, "Ivy Marãen" é a expressão poética de toda a sua experiência e estudos acadêmicos, dos anos vividos entre os Kadiwéu, os Urubu-Kaapor, os Guarani, da sua devoção à beleza e à simplicidade como expressão de uma sofisticação imanente, na sua visão de uma nova Roma no continente latino-americano. Em ambos os textos se apercebe a vivência do antropólogo que não só percorreu o Brasil e os países vizinhos, mas que compreendeu a identidade latino-americana e assumiu que somos parte de uma Pátria Grande.

Acreditamos que os textos escolhidos para esta edição do Cadernos Ultramares de alguma forma sumarizam não só o pensamento, mas, como disse Antonio Candido, "os vários Darcys transbordantes de vitalidade e energia criadora, ligados por uma extraordinária capacidade de ousar e imaginar".

# CULTURA E ALIENAÇÃO

Os antropólogos definem a cultura como a herança social de uma comunidade humana, representada pelo acervo coparticipado de modos estandardizados de adaptação à natureza para o provimento da subsistência, de normas e instituições reguladoras das relações sociais e de corpos de saber, de valores e de crenças com que explicam sua experiência, exprimem sua criatividade artística e se motivam para a ação. Assim conceituada, a cultura é uma ordem particular de fenômenos que tem de característico sua natureza réplica conceitual da realidade, tal como é percebida, e transmitida simbolicamente, de geração a geração, como uma tradição.

Mediante a integração desses corpos de tradição é que os homens se humanizam. Ao mesmo tempo se incorporam a uma comunidade étnica ao aprenderem a sua língua, a fazer as coisas de acordo com certas técnicas, a comportar-se segundo normas estereotipadas e, finalmente, a viver de acordo com certos usos e costumes. Por isso mesmo a cultura é percebida pelos seus detentores como uma visão do mundo e como o modo natural e necessário de serem homens em face dos membros do seu próprio grupo e em face de outros grupos humanos.

Nesse sentido, qualquer sociedade possui uma cultura, desde as de nível tribal até as sociedades nacionais modernas. No primeiro caso, sua cultura será constituída por um acervo singelo, cujos elementos essenciais podem ser apreendidos e descritos com facilidade. No caso de sociedades nacionais, será um vasto patrimônio, complexo e diversificado, conforme os grupos de convívio em que se divida a sociedade, tais como as áreas ecológico-culturais a que se adapte e as subculturas correspondentes a estratos sociais diferenciados da população, como as classes sociais. Outras linhas de variação são as tradições culturais diferenciadas como a *cultura vulgar* transmitida oralmente, e a *cultura erudita* dos letrados.

Em certas condições catastróficas — como as derrotas em guerras, as hecatombes ou as conquistas — as formas de expressão da cultura podem ser reduzidas a limites mínimos. Essas vicissitudes podem traumatizar tão profundamente uma cultura que a condenem a desaparecer. Todavia, como cada homem é sempre e essencialmente um ser cultural, detentor da tradição que o humanizou, sua cultura só desaparecerá com ele se ele for impossibilitado de transmiti-la socialmente a seus descendentes.

Em qualquer caso, a cultura de uma sociedade é o conjunto integrado dessas tradições diferenciadas através das quais seus diversos componentes contribuem para o preenchimento das suas condições de existência. A cultura assim definida — apesar de sua natureza de símile conceitual — é um conjunto de fatos diretamente perceptíveis pelo estudo dos produtos materiais da ação humana conformados segundo padrões estandardizados; pela observação das formas recorrentes de conduta vividas de acordo com normas prescritas; e pela análise das manifestações de valores, crenças e explicações veiculadas através de sistemas simbólicos de comunicação. O arqueólogo que reconstitui uma cultura pré-histórica só conta, praticamente, com a primeira forma de manifestação da cultura. O historiador, somente com a última, registrada em documentos. Mas o etnólogo que estuda uma tribo indígena conta com as três. Nos dois primeiros casos, o estudioso focaliza uma cultura que não mais existe e que lhe cabe reconstituir, porque desapareceu a sociedade que a detinha. No último caso o estudioso observa uma cultura existente como entidade viva em certo momento de um *continuum* que a vincula ao passado do próprio grupo e a de inúmeros outros grupos de que sofreu influências ainda perceptíveis. Mas se configura, naquele momento, como o resultado residual do seu processo de formação que permanece vivo e atuante porque, de alguma forma, preenche as condições necessárias à existência daquele grupo humano tal qual é. Isto significa que atuam sobre a cultura fatores de persistência e de alteração de seu conteúdo que a cada momento se equilibram como respostas coletivas aos requisitos de sua sobrevivência.

Um dos fatores fundamentais da mudança cultural é a criatividade através de invenções e descobertas. Outros fatores de mudança são os contatos entre povos, designados pelos antropólogos como *processo de aculturação*. Estes variam enormemente, conforme os contatos se estabeleçam entre grupos do mesmo grau de desenvolvimento ou entre grupos separados por grandes diferenças; conforme se processam espontaneamente ou sob condições de compulsão e dominação. No primeiro caso — contato espontâneo de grupos culturalmente homogêneos — os respectivos patrimônios são oferecidos a cada grupo para que eleja os elementos do acervo alheio a adotar. E a adoção de inovações se faz com a capacidade de produzir por si mesmo os novos elementos sem estabelecer relações de dependência. No segundo caso, embora o grupo mais desenvolvido tenha mais o que oferecer, não existe para o grupo atrasado a possibilidade de eleger o que deseja adotar e, menos ainda, condições de produzir por si próprio o que adote. Desse modo, o contato conduz fatalmente ao estabelecimento de relações de dependência. Exemplificam o primeiro caso as relações intertribais em que a cerâmica, por exemplo, se difundiu de um povo a outro. Exemplificam o segundo, as relações entre índios e brancos, através das quais se difundiram os instrumentos de metal.

Na cultura assim definida se podem distinguir, conceitualmente, três conteúdos fundamentais: o *sistema adaptativo*, que é o conjunto das formas de ação sobre a natureza para a produção das condições materiais de existência das sociedades. O *sistema associativo*, que é o conjunto de modos de organização das relações interpessoais para os efeitos da reprodução biológica, da produção e da distribuição de bens e da regulação do convívio social. E o *sistema ideológico*, que compreende as ideias e os sentimentos gerados no esforço por compreender a experiência coletiva e por justificar ou questionar a ordem social.

Este terceiro conteúdo da cultura é o que nos interessa especialmente aqui. Seus conteúdos fundamentais são a linguagem, o saber, a mitologia, a religião e a magia, as artes, os corpos de valores éticos e a integração de todos eles em um *ethos* que é a concepção de cada povo sobre si mesmo em face dos demais. Em certo sentido, o sistema ideológico é uma representação de toda a cultura, uma vez que cada conteúdo desta encontra aí seu reflexo na forma de referências, de explicações e de motivações. Esta representação tem como atributos fundamentais sua ambiguidade e seu caráter de entidade determinada.

O sistema ideológico é intrinsecamente ambíguo porque tanto pode refletir objetivamente a realidade e explicar realisticamente a experiência, como pode deformá-la. Na verdade, tende a mistificá-la. Na própria linguagem já se encontra esta ambiguidade, inerente a seu duplo caráter de modo de expressão simbólica das ideias e mecanismo de fabulação, pelo uso da linguagem para tecer enredos. Por isso, o sistema ideológico, em seu conjunto, pode ser tido como uma recriação simbólica do mundo, presa a realidade porque permanentemente referida a *praxis*, mas sempre sujeita à alienação, seja devido à incapacidade de compreender a experiência vivida, seja pelo exercício da versatilidade tão caracteristicamente humana para induzir ideias e para criar fantasias verossímeis.

O sistema ideológico é intrinsecamente determinado por seu caráter de reflexo conceitual da prática adaptativa e associativa. E por elas determinado, uma vez que deve reproduzir necessariamente cada alteração que se processe nestas esferas. Mas é também capaz, em certas circunstâncias, de sobre elas influir, tanto aceleradamente quanto retardando movimentos de transformação da vida social, mediante a formulação de metas coparticipadas e do equacionamento de problemas.

Embora conceitualmente distinguíveis, não se pode falar do sistema ideológico sem referir aos demais, porque são inseparáveis no mundo das coisas como contrapartes de uma totalidade. A interdependência de suas partes se revela de múltiplas formas, principalmente pela existência de relações necessárias entre umas e outras, tanto de *correspondência* (como a mentalidade do camponês e seus modos de vida) quanto de *impregnação* (como a temática da arte dos povos que vivem da caça). Estas relações não são mecânicas, porém, uma vez que admitem certas *discrepâncias*, tais como a difusão de uma religião originária de uma sociedade pastoril entre povos que têm modos de vida diversos; *defasagens*, como seja a persistência de atitudes coloniais num povo tornado autônomo; *alienações*, como a adoção por povos subjugados da ideologia de seus senhores; *oposições*, que chegam a ser flagrantes no caso de sociedades complexas, como a mentalidade senhorial e a popular, enquanto reflexos de condições de vida diversas e de interesses antagônicos.

A possibilidade de se configurarem tais discrepâncias, defasagens, alienações e contradições nos permite falar de culturas mais ou menos *integradas*, conforme o grau de congruência interna de seus componentes; e de culturas *autênticas*, porque seu conteúdo corresponde aos interesses do desenvolvimento autônomo das sociedades que as detêm. E, por oposição, nos obriga a falar de culturas espúrias, quando integram, nas compreensões coparticipadas, elementos de justificação do domínio exógeno ou de deformação da imagem nacional. E, ainda, de situações de *marginalidade cultural* quando os modos de participação na cultura dos diversos estamentos da sociedade são tão diferenciados e contrapostos que a condição real de muitos deles é discriminada pelos demais, ocasionando tensões e frustrações.

Nas sociedades nacionais originadas de feitorias, correspondentes à configuração que designamos como *Povos-Novos*, a cultura se plasma como uma criação espúria porque nasce condicionada pela dominação colonial. Esta, além de impossibilitar à maioria da população de exprimir sua cultura original, a compele a adotar os costumes de povos estranhos. A forma mais drástica desta vicissitude é o processo de *deculturação*, exemplificável pelo caso dos escravos desgarrados de suas matrizes para servirem a amos estrangeiros em terras longínquas onde eram reunidos a outros escravos, que também lhes eram estranhos, e submetidos todos a uma série de compulsões destinadas a desenraizá-los de suas tradições originais. A deculturação tem como elementos básicos seu caráter *compulsório*, expresso no esforço por inviabilizar a manifestação da cultura própria e por impossibilitar sua transmissão, e sua natureza de procedimento *deliberado* de incorporação de pessoas já integradas numa tradição em um novo corpo de compreensões comuns, tendente a cristalizar-se como uma nova cultura.

O negro e o índio, submetidos a esse processo eram, primeiro, "desumanizados" ao serem tratados como coisa ou como bicho enquanto permaneciam "boçais" e, depois, "reumanizados" ao se converterem em "ladinos" pelo aprendizado da língua, pelo ajustamento ao novo regime de trabalho, pela adaptação à nova dieta e pela integração na nova cultura.

Tal como definida acima, a deculturação é, na verdade, uma primeira instância do processo mais geral, a aculturação, que opera tanto pelo desenraizamento como pela criatividade cultural. Esta torna-se imperativa devido à necessidade de plasmar novos corpos de compreensões comuns coparticipadas por aqueles que foram deculturados. Por essa razão é que, nas situações de aculturação, encontramos sempre culturas em cristalização representadas por protocélulas étnicas nas quais se fundem conteúdos das tradições culturais em confronto e novos elementos culturais se criam. Numa segunda instância, estas protocélulas culturais passam a atuar como núcleos de aculturação, já então na forma de etnias embrionárias que amadurecerão, pouco a pouco, para a condição de etnias nacionais.

Como estas etnias embrionárias surgem em decorrência da expansão de povos culturalmente mais avançados (ou ao menos mais eficazes, porque conseguem impor seu domínio) o patrimônio destes tende a predominar na cultura nascente, sobretudo na subcultura dos extratos dominantes. Nesse sentido é que as etnias embrionárias surgem não integradas, porque sua cultura é formada por conteúdos distintos e contrapostos; os dos setores privilegiados inteiramente aculturados e o das camadas marginalizadas que retêm grande parte do patrimônio original, ou cuja posição social só permite e só exige aqueles graus de participação nas pautas da camada dominante que as tornem mais eficazes em sua função de força de trabalho. Só mediante um esforço persistentemente conduzido contra todas as formas de compulsão e alienação, as sociedades nascentes podem autoafirmar-se como uma nova entidade étnica. Esta amadurece à medida em que sua cultura se liberta da carga de pré-noções e preconceitos destinados a resigná-la com seu destino de núcleo ancilar de uma macroetnia em expansão; e à medida em que toda a população se incorpora ao mesmo núcleo básico de compreensões culturais, dando integração à sociedade nacional e homogeneidade à cultura.

Os conceitos de cultura, aculturação, desculturação, de marginalidade, de defasagem e de alienação cultural, bem como os de cultura autêntica e cultura espúria são instrumentos de trabalho indispensáveis à compreensão do processo pelo qual a sociedade e a cultura brasileira se vêm plasmando. No estudo desse processo se observa como as matrizes indígena, africana e europeia entraram em conjunção, no Brasil, para compor, através da interação de seus elementos, primeiro, algumas protocélulas novas porque já não correspondiam às matrizes originais e seus membros não se identificavam com elas. Depois, para crescer e diversificar-se pela multiplicação daquelas células, pela sua diferenciação por efeito da adaptação a ambientes ecológicos contrastantes; pela sua especialização no exercício de diferentes atividades produtivas; pela agregação de elementos novos devidos à sua própria criatividade ou adotados de outros contextos culturais; e pela incorporação de novos contingentes humanos que lhes emprestam certos coloridos singulares.

A cultura brasileira não pode, porém, ser entendida em seu conjunto sem se atentar para as três ordens de diferenciação que experimentou: as *temporais*, correspondentes às suas distintas conformações históricas (colonial, neocolonial, nacional) e aos esforços sucessivos de integração nos processos civilizatórios que a afetaram (mercantil-salvacionista e imperialista-industrial); *sociais*, como subculturas correspondentes à estratificação em classes (senhorial, servil, popular); a *regionais*, concernentes às diferenças de adaptação ecológica que se plasmaram como distintas áreas culturais.

Todos estes fatores de diferenciação não só emprestam coloridos variados ao painel cultural brasileiro, mas também geram *assincronias* e situações de *marginalidade* e de dependência sociocultural. No primeiro caso, trata-se de efeitos diferenciais dos processos de mudança sobre os diversos setores, em virtude dos quais alguns deles se modernizam e outros se tornam arcaicos. No segundo caso, temos as oposições entre os diversos estratos da sociedade nacional que, apesar de experimentar um intenso caldeamento no plano racial e uma uniformização no plano cultural, se cristalizam como uma estratificação sociorracial, cujos estamentos se veem uns aos outros como entidades distintas e se hostilizam reciprocamente, criando um ambiente marcado por fortes tensões. No terceiro caso, temos as diferenças de desenvolvimento regional que, alçando sucessivamente diferentes áreas como núcleos polarizadores da vida econômica, provocaram graves efeitos de colonização interna.

## A CULTURA BRASILEIRA:
## O AUTÊNTICO E O ESPÚRIO

Ao longo de seus quase cinco séculos de história, a cultura brasileira apresenta as maiores variações dentro dessas linhas. Na verdade, só tem como constantes seu caráter espúrio, sua condição de cultura defasada e as consequentes vicissitudes de uma cultura alienada.

Essas constantes, operando como fatores concomitantes, condenaram enormes parcelas da população à marginalidade social. Esta já era manifesta naquelas protocélulas originais onde o mameluco (mestiço de branco com índia) identificando-se com o pai, se tornara o castigador do gentio materno. Não obstante essa adesão, jamais chegava a ser reconhecido pelos brancos como igual, sofrendo, em consequência, toda a carga do preconceito decorrente da apreciação senhorial da comunidade indígena como inferior. Ao mesmo tipo de marginalidade foram conduzidos, mais tarde, os mulatos que também vivem o "drama de ser dois", buscando desesperadamente mimetizar a conduta dos brancos para enfatizar sua suposta superioridade em relação ao negro. Apesar disso, também eles veem recair sobre si a carga do preconceito contra a matriz negra, na proporção de suas marcas visíveis de que são portadoras. Séculos depois, ao tempo da Independência, já tendo desaparecido o índio das áreas de antiga ocupação, muitos mulatos se travestiram em mestiços, adotando sonoros nomes indígenas, compondo e lendo novelas e poemas exaltadores das qualidades do indígena para, assim, afastar de si qualquer suspeita de negritude.

No caráter espúrio da cultura brasileira decorre, como vimos, da própria natureza exógena da empresa que lhe deu nascimento como formação colonial escravista, organizada para prover o mercado europeu de certos produtos. Nessas condições, o Brasil nasce e cresce como um proletariado externo das sociedades europeias, destinado a contribuir para o preenchimento das condições de sobrevivência, de conforto e de riqueza destas. A classe dominante brasileira, em consequência, é chamada a exercer, desde o início, o papel de uma camada gerencial de interesses estrangeiros, mais atenta para as exigências destes do que para as condições de existência da população nacional. Não constituía, por isso, um estrato senhorial e erudito de uma sociedade autônoma, mas uma representação local, alienada, de outra sociedade, cuja cultura buscava mimetizar. Sua função era induzir a população a atender aos requisitos de feitoria produtora de gêneros tropicais e geradora de lucros exportáveis, bem como a desempenhar in situ, simulacros dos modos de vida europeus.

Nessas circunstâncias, é principalmente nas camadas subalternas e como cultura vulgar que se exerce a criatividade que viria atender aos requisitos necessários à sobrevivência material (através da criação ou reelaboração de técnicas adaptativas); à convivência humana (através da criação de múltiplas formas de associação que exorbitavam das regulações destinadas a organizar o trabalho produtivo); e ao atendimento de necessidades espirituais (mediante a criação de cultos sincréticos, da fixação de mitos e lendas com que se explicava a natureza e a sociedade, e da criação artística). Foi por meio dessa cultura vulgar

— recheada de elementos indígenas e africanos — o que o povo brasileiro edificou, com os pobres tijolos e cimentos de que dispunha, a cultura nacional no que tinha de assentado na terra e de significativo para toda a população.

A classe dominante branca ou branca-por-auto-definição dessa população majoritariamente mestiça, tendo como preocupação maior, no plano racial, salientar sua branquitude e, no plano cultural, sua europeidade, só aspirava a ser lusitana, depois inglesa e francesa como agora só quer ser norte-americana. E conseguia simular razoavelmente essa identificação nos modos de morar, de vestir, de comer, de educar-se, de rezar, de casar, de morrer etc. Só a ação diferenciada dos fatores ecológicos e do contexto humano em que vivia é que, a seu pesar, a tornaram irremediavelmente brasileira nestas mesmas coisas.

A imitação do estrangeiro não seria um mal em si, mesmo porque as transplantações culturais são inevitáveis e vêm associadas, frequentemente, a fatores de progresso. O mal residia e ainda reside na rejeição de tudo que era nacional e principalmente popular, como sendo ruim, porque impregnado da subalternidade da terra tropical e da inferioridade dos povos de cor. Gerações de brasileiros foram alienadas por esta inautenticidade essencial de sua postura, que os tornava infelizes por serem tal qual eram e vexados pelos ancestrais que tiveram. Nestas circunstâncias, a alienação passou a ser a condição mesma desta classe dominante, inconformada com seu mundo atrasado, que só mediocremente conseguia imitar o estrangeiro, e cega para os valores de sua terra e de sua gente. O grave é que essa alienação, tornando a classe dominante incapaz de ver e compreender a sociedade em que vivia, a tornava também inapta para propor-se um projeto nacional de desenvolvimento autônomo.

A criatividade intelectual e artística das camadas ricas se exerceu, fundamentalmente, como transplante de ideias e valores alheios, que apenas se impregnam, contra sua vontade, de conteúdos locais. Este é o caso do florescimento cultural de algumas áreas, onde a prosperidade da empresa colonial gerava excedentes para investimentos locais. Surgem ali expressões exógenas da criatividade europeia implantadas na colônia. Este é o caso dos núcleos básicos da civilização do açúcar da Bahia e do Recife e da civilização do ouro nas cidades mineiras. Sua expressão mais alta é uma arquitetura, uma escultura, uma pintura, uma literatura e uma música de padrão mais elevado que o das cidades portuguesas do seu tempo. Manifestam-se principalmente em templos e em atos de culto nos quais a camada dominante luzia sua grandeza terrena e agradecia por ela, e o povo se consolava de sua penúria preparando-se para uma vida eterna num paraíso em que, provavelmente, não haveria senhores e escravos, nem ricos e pobres. O principal núcleo erudito dessa civilização era o clero, como único setor letrado da terra, cultor das letras e das artes, que se fizera, efetivamente, herdeiro do patrimônio artístico do seu tempo. A contraparte dessa esfera erudita e senhorial da cultura nacional nascente era a cultura vulgar das massas, com sua criatividade própria, haurida primeiro em fontes não europeias, mas enriquecida e estruturada, depois, pela absorção e reintegração de distintas contribuições europeias. Estas configuram a visão do mundo real e do além-túmulo como uma explanação fundada nas concepções religiosas católico-cristãs. Plasmou-se assim uma ideologia mais homogênea formada no plano erudito pelo saber clerical e no plano vulgar pelas crenças e ritos populares também de origem cristã que se exprimiam no calendário de trabalho e de lazer, nas festas religiosas e nos atos de culto que marcavam os passos fundamentais da vida de cada indivíduo. Essa ideologia ingênua, porque consagradora da ordem social como sagrada; espúria, porque destinada a mistificar a exploração classista e colonial era, sem embargo integrada, porque unificava quase toda a população urbana no acatamento aos mesmos corpos de valores.

Muito mais tarde, após a Independência, desaparece aquela elite clerical para dar lugar à coorte dos bacharéis e letrados, lidos em Rousseau e, depois, em Comte, Spencer e Lamarck. Jamais seriam atingidos os níveis artísticos do passado, porque se perdera a congruência da cultura que exprimia nos templos a exibição da riqueza e do refinamento dos estratos dominantes mas neles acolhia a religiosidade popular. É o tempo das casas burguesas, do fraque, da importação de bugigangas e de prostitutas francesas e de toda a sorte de manufaturas industriais inglesas. A intelectualidade patricial já é leiga e se cristaliza, principalmente, no positivismo, convertido também em culto e aprendido no catecismo; na maçonaria, como principal forma de crítica senhorial à ordem vigente; e no novo clero, muito menos influente que agora se opunha ao catolicismo festivo do povo, empenhado em enquadrá-la na ortodoxia romana. Surgem, porém, novos intérpretes da realidade nacional que se esforçavam por compreendê-la melhor: os intelectuais iracundos e os líderes dos movimentos abolicionista e iracundo.

Como era inevitável, acaba por se alterar também a cultura vulgar das populações urbanas. Sob o alude da modernização reflexa entra em colapso a dicotomia do *ethos* nacional: rui a cultura erudita que em certos setores se fizera herdeira do patrimônio europeu e se constituíra em estrato letrado da sociedade nacional. E rui também a cultura vulgar, cristalizada principalmente no folclore haurido de velhas fontes ibéricas e de tradições indígenas e africanas bem como de crenças e ritos católicos que regulavam toda a vida social. A primeira se degrada, perdendo os altos níveis de expressão que alcançara no plano artístico para transformar-se num *pastiche* de francesismos, britanismos e ianquismos. A última também se dilui, primeiro nas cidades e nas áreas por elas influenciadas, em que o antigo calendário festivo de inspiração religiosa, as danças dramáticas, os cancioneiros populares são substituídos por novas danças, cantos e folguedos de caráter profano. Com a radiofusão, estes novos estilos se tornariam cada vez mais "modernos" e invadiriam também as áreas rurais, hibridizando e depois obsolescendo as ilhas de arcaísmo em que sobreviviam as formas coloniais de criatividade popular.

A defasagem cultural brasileira é principalmente uma assincronia decorrente do próprio processo de atualização histórica em que a sociedade nacional se constituiu, integrando-se na economia mundial como uma colônia escravista e, mais tarde, reintegrando-se nela como uma formação neocolonial. No primeiro desses passos, o Brasil surge como uma feitoria onde se implantavam técnicas produtivas avançadas, visando ao aumento da produção exportável, mas só nestes limites. Certos componentes essenciais desse sistema produtivo permaneceram sempre fora do país, como a organização financeira e comercial, a rede de transportes marítimos, as manufaturas de bens mais elaborados de uso e de produção. Acresce, ainda, que certos avanços tecnológicos já incorporados à agricultura e ao pastoreio em Portugal (como a aração dos campos e a estabulação dos animais) foram abandonados no Brasil para dar lugar a técnicas mais adaptadas às condições ecológicas ou por serem desnecessários, uma vez que o provimento da subsistência se fazia com base nas técnicas herdadas dos indígenas.

No segundo passo, correspondente à nova atualização histórica que conduziria o Brasil à condição de área neocolonial, a cultura nacional experimentou inovações substanciais, tanto no plano tecnológico, como no institucional e no ideológico. Todas elas, porém, de caráter meramente modernizador e, por isso mesmo, parcial e deformante, porque agregavam ao sistema econômico uma certa eficácia, mas não permitiam a superação do seu caráter ancilar e espoliativo. Nestas circunstâncias se alteram os modos de produção pela absorção de produtos acabados da civilização industrial (motores e máquinas), permitindo uma melhor integração do Brasil na economia mundial como produtor de gêneros tropicais e importador de artigos industriais. Mais tarde, com a conversão do país em área de implantação de empresas internacionais, tecnologicamente avançadas e comandadas por suas matrizes, estas passam a operar como o mecanismo básico de recolonização. Jamais se alcança, por isso mesmo, o nível mínimo de domínio da tecnologia industrial e da autonomia empresarial que permitiriam assegurar condições de desencadear um processo de desenvolvimento autossustentado, capaz de elevar, um dia, o País à condição de um componente autônomo da nova civilização.

A defasagem cultural do Brasil tem, no entanto, raízes mais profundas porque provém do próprio atraso cultural da metrópole colonizadora. Esta, não tendo conseguido estruturar-se como uma formação capitalista madura, nem se integrar na civilização industrial, foi caindo em situação de dependência com respeito à Inglaterra e afundando-se na pobreza até configurar-se, ela própria, como uma área neocolonial. Uma das consequências desse atraso é não ter Portugal empreendido jamais a alfabetização de sua própria população, como ocorreu a todas as nações que se industrializaram e só a estas. Apenas contou com uma estreita faixa de letrados, em sua imensa maioria medíocre e obscurantistas, de extração eclesiástica ou formados em universidades obsoletas.

O Brasil, como colônia submetida ao mais estrito monopólio, cresceu isolado do mundo, apenas convivendo com aquele Portugal pobre e retrógrado. Tão retrógrado que não permitiu a criação de um sistema popular de ensino no Brasil e, menos ainda, de escolas superiores, ao tempo em que a Espanha mantinha cerca de duas dezenas de universidades em suas colônias. Assim, o Brasil emerge para a Independência sem nenhuma universidade, com sua população analfabeta, e iletradas também suas classes dominantes. Em face dos 150 mil graduados pelas unversidades hispano-americanas, durante o período colonial, o Brasil só contou com cerca de 2.500 graduados em Coimbra. No momento da Independência, o país teria apenas umas poucas centenas de patrícios nativos com formação universitária, a que se somava talvez um milhar de fâmulos letrados expulsos de Portugal com a Corte. Aqueles padres e doutores graduados em Coimbra e os cortesões ilustrados que ficaram no país é que enfrentaram a tarefa de institucionalizá-lo como uma nação autônoma e de criar seus sistemas de ensino primário, médio e superior.

Para avaliar-se a profundidade das carências da instrução pública, são suficientes dois exemplos: em 1820, a Câmara Municipal de Itapetininga, próspero e ilustre município paulista, pedia a criação de uma escola de primeiras letras, não para alfabetizar o povo mas para ensinar rudimentos de leitura a alguns filhos das melhores famílias a fim de lhes permitir o exercício das funções de vereadores (Oracy Nogueira 1962:448). O segundo exemplo é dado pelo fato de que o maior investimento educacional do Império brasileiro foi a edificação de enormes instituições para a reeducação de cegos e surdos-mudos. Em face de um país atrasado como o Brasil de então, o que assomava à consciência senhorial como problema não era o analfabetismo generalizado e sim as carências mais capazes de suscitar a caridade imperial.

A essas consequências particulares da defasagem cultural se somaram seus efeitos globais de perpetuação da estrutura social arcaica e de congelamento da alienação cultural, como obstáculo capital à superação do atraso. Com efeito, uma sociedade que não incorpora o saber e a tecnologia do seu tempo não chega a experimentar as transformações estruturais a elas correspondentes, permanecendo arcaica em amplas esferas e reflexamente modernizada em outras. E, devido a isso, traumatizada pela interação conflitiva entre conteúdos assincrônicos da cultura e da sociedade.

## A RECONSTRUÇÃO CULTURAL

A alienação cultural consiste, em essência, na introjeção espontânea ou induzida em um povo da consciência e da ideologia de outrem, correspondente a uma realidade que lhe é estranha e a interesses opostos aos seus. Vale dizer, a introjeção induzida de ideias e valores que escamoteiam a percepçao da realidade social em benefício dos que dela se favorecem. Ou, ainda, a criação autônoma de representações consoladoras ou justificatórias do atraso, que desviam a atenção de suas causas reais para apenas destacar causas supostas.

Correspondem à primeira categoria de alienações muitas das concepções oriundas de todas as matrizes da cultura brasileira, sobretudo as das populações subjugadas, cujos corpos de crenças arcaicas, incapazes de explicar objetivamente a nova realidade, operaram como mistificações que contribuem para a perpetuação da dependência. Sobressaem, contudo, por seus efeitos alienantes, os conteúdos oriundos da matriz dominadora. Esta, ao lado das técnicas produtivas, dos procedimentos empresariais e das formas de contingenciamento da população para o trabalho, introduziu todo um corpo de doutrinas religiosas e leigas dignificadoras do homem branco e mistificadoras da dominação colonial tida como um encargo divino dos povos mais adiantados em relação aos mais atrasados.

Correspondem à segunda categoria os esforços autóctones das classes dominantes por criar representações fantasistas que permitam explicar o atraso colonial como fatalidade inelutável, decorrente da impropriedade do clima, da inferioridade das raças a fim de difundir atitudes de resignação com o atraso. As apresentações concernentes a "raça" impregnaram toda a população. Foram até alçadas a condição de teoria explicativa do atraso que tomava uma inferioridade histórica, embora efetiva, dos índios e negros avassalados, como prova de sua inaptidão para o progresso. Estas apreciações sobre a "raça" não só levam o branco mais humilde a sentir-se superior a qualquer preto, mulato ou mestiço, mas também a estes últimos a introjetar as concepções de superioridade racial do branco. Tais estereótipos raciais, difundindo-se numa sociedade constituída majoritariamente por gente de cor, representam obviamente uma enorme carga de amargura. Tidas como verdades indiscutíveis, porque sacramentadas com o poderio do consenso, estas representações, mesmo quando atenuadas, se consolidavam mais ainda. Este é o caso da "branquização social" de todo negro ou mulato bem-sucedido; das apreciações afetivas para com a mucama doméstica, para com o negro que permanecesse humilde e trabalhador; e das referências encomiásticas à negra e à mulata como fêmeas desejáveis. Tanto nas suas formas mais brutais de tratamento do negro do eito como animal tosco e boçal quanto nas atenuadas, aquelas representações exercem a função de manter a estrutura de poder. Umas e outras criam barreiras impeditivas de unificação das camadas subalternas contra as dominantes, isolando os brasileiros claros dos escuros e tornando sua politização extremamente difícil. Obstaculizando a ascensão social das pessoas que conduzem marcas raciais mais nítidas de sua ancestralidade negra, mas admitindo alguns casos excepcionais, se faz crer que a posição superior de toda a classe dominante decorre de qualidades inatas e raras.

Pertence igualmente ao capítulo das alienações a mentalidade arcaica das massas marginais, cuja visão do mundo e da sociedade é haurida principalmente em fontes religiosas como os cultos afro-brasileiros, o catolicismo rural de caráter messiânico e as seitas protestantes de inspiração revivalista. Ainda que este tipo de consciência não impeça, mas, ao contrário, até enseje rebeliões populares (como as insurreições de Canudos e do Contestado), o que ela produz, habitualmente, são os casos fatais de penitências purificadoras e outras ações fanáticas, que a imprensa noticia cada ano. Tais manifestações são expressão do desespero de massas despojadas, submetidas a toda sorte de vexames e, ademais de tudo isso, alienadas em sua visão do mundo. Nestas condições, torna-se inevitável que suas formas de revolta contra a ordem vigente assumam as feições mais larvares: individualmente, pelo banditismo; grupalmente, pelo culto fanático; socialmente, pelas religiões messiânicas.

Aos efeitos da alienação decorrente da sobrevivência de conteúdos arcaicos na cultura se somam, para as parcelas citadinas destas massas marginais, as vicissitudes de uma deculturação a que estão sendo submetidas no curso do processo de urbanização.

Pelo mesmo processo de deculturação, os contingentes africanos e indígenas foram desenraizados de suas tradições e aculturados na protocélula étnica brasileira como um passo do seu processo de incorporação na força de trabalho. Agora, no curso do processo de urbanização, ao perderem sua cultura tornada arcaica, sem serem incorporados à sociedade nacional moderna e às suas novas compreensões, experimentam uma nova marginalização social e econômica que passa a ser também cultural.

Crescendo mais intensamente do que a capacidade do sistema ocupacional para absorvê-las e, urbanizando-se caoticamente, estas massas se veem mergulhadas numa "cultura da pobreza", em que se degrada ainda mais o seu singelo patrimônio cultural. Nos conglomerados em que se amontoam junto às vilas, cidades e metrópoles, aprendem a fazer casas com restos inservíveis; a cozinhar e a comer em vasilhames de lataria e a refazer sua visão tradicional do mundo, sua mitologia e seu folclore, com base nas informações contraditórias dos programas "populescos" transmitidos pelo rádio e pela televisão. Perdem, assim, as técnicas de adaptação ecológica com que antes construíam suas casas, trançavam esteiras e cestos ou fabricavam sua cerâmica que, embora mais pobres que as dos indígenas que lhas transmitiram, eram superiores às que têm agora.

No mesmo passo, se degradam seus corpos de valores, suas formas arcaicas de dança e de música e suas explicações do mundo fundadas na tradição. Esta deterioração de um patrimônio cultural já de si parco e paupérrimo, cuja expressão se torna inviável nas cidades, faz essa massa descer mais alguns degraus na condição de tábula rasa cultural que caracteriza os

*Povos-Novos*. Entretanto, a partir deste patamar inferior (como gente desvinculada de qualquer tradição que a amarre ao passado e a faça respeitar o que quer que seja) só lhe restará caminhar para o futuro. E este não pode ser outro senão o de integrar-se na civilização industrial moderna, cujo avesso lhe é vedado pela ordenação social vigente que a relega à marginalidade. Mas que, em consequência, a condena a atuar, mais cedo ou mais tarde, como o opositor histórico ao sistema contra o qual acabará por se rebelar.

Os esforços pioneiros de compreensão da realidade nacional, partindo dessas representações alienadas e inspirando-se na literatura paracientífica europeia concernente aos trópicos e aos povos de cor, converteram-se, também, em justificações eruditas do atraso e da pobreza nacional e, desse modo, em outras fontes de alienação. O nível de consciência daqueles primeiros estudiosos não excedia o da explicação do atraso como um efeito do primitivismo das populações aborígenes e africanas; do clima tropical, impróprio para o trabalho e o progresso; da inferioridade atávica dos negros, mulatos e mestiços responsáveis, a seu juízo pela preguiça, luxúria e enfermidades que estiolavam os brasileiros mais humildes. Mais tarde surgiram intelectuais que conferiam parte das responsabilidades do atraso à ancestralidade lusitana e à religião católica. Como se vê, em todos os casos, a determinante era sempre uma fatalidade inelutável.

Exceto alguns casos de antecipação da nova consciência crítica (Euclides da Cunha), se pode dizer que, até a segunda década do século, os esforços de autoconhecimento da intelectualidade brasileira se reduziram àquelas transplantações alienadas. Vendo sempre nas deficiências da terra e nos defeitos do povo as causas do atraso, estes estudiosos não tinham olhos para enxergar os fatores reais que estavam diante de si. Não viam, por exemplo, o papel da espoliação colonialista e da exploração patronal na perpetuação da miséria e da ignorância popular. Ao atribuírem ao europeu uma cultura superior e uma missão civilizadora, não percebiam o caráter de complementariedade do avanço metropolitano em relação ao atraso colonial e neocolonial que, convertendo o País numa economia ancilar e o seu povo num proletariado externo, o condenava a perpetuar-se no atraso.

Os ensaios e as obras literárias escritos com esta postura servem hoje principalmente para documentar o sentimento de inferioridade que amargavam seus autores, como toda a classe dominante brasileira. Esforçava-se ela em ocultar suas origens na senzala (Oliveira Viana); em projetar sobre aqueles que trabalhavam de sol a sol sua própria ociosidade

(Paulo Prado); exaltava ancestrais indígenas cheios de nobreza quando o índio mesmo, de carne e osso, era exterminado sem qualquer protesto (José de Alencar); compunha dramalhões cheios de piedade por um negro injustiçado pelo seu senhor, mas achava prematura a abolição da escravidão apesar de ser o Brasil a última nação escravocrata do mundo; idealizava a família patriarcal e as relações inter-raciais para ocultar o verdadeiro caráter da aristocracia açucareira (Gilberto Freyre).

Na verdade, a campanha por este abolicionismo tardio e os levantes políticos das populações urbanas foram os primeiros movimentos de caráter popular mobilizados pela intelectualidade brasileira. Nesses movimentos, dezenas de poetas, romancistas e ensaístas luziram o seu talento e tiveram sua escola de abrasileiramento e de politização. Com eles é que uma parcela da camada erudita da sociedade brasileira começa a capacitar-se para desmascarar o caráter espúrio da cultura nacional e para enfrentar as causas reais da defasagem, da alienação e da marginalidade. As suas criações de conteúdo mais crítico foram produzidas pelos intelectuais iracundos que, embora claudicantes devido às fontes europeias de inspiração, alcançavam ao menos uma capacidade maior de compreender a realidade de seu país, de indignar-se contra ela e de denunciá-la. As contribuições originais à consciência crítica não surgiram, portanto, dos pesquisadores, mas dos pensadores vinculados ao processo político.

Entretanto, só muito mais tarde começaria a amadurecer uma intelectualidade efetivamente apta a desvendar a trama ideológica justificatória da colonização e da exportação classista em que o Brasil esteve e ainda está imerso e para criar uma imagem nacional mais realista e mais motivadora.

Com base nessa compreensão nova, vários saltos são dados no sentido da desalienação cultural. O preconceito racial passa a ser percebido como uma técnica de dominação de classe (Florestan

Fernandes, L. A. Costa Pinto, Oracy Nogueira). Evidencia-se a própria adaptação bem-sucedida dos brasileiros ao clima tropical. Alcança-se objetividade para ajuizar a colonização portuguesa em relação às prováveis alternativas (Gilberto Freyre). Começa-se a reconhecer a importância da contribuição do negro na edificação do Brasil (Artur Ramos) e do índio na sua adaptação ecológica (Curt Nimuendaju). Passa-se a apreciar a metamorfose que o catolicismo salvacionista ibérico sofreu no Brasil, cristalizando-se como uma religiosidade popular nada ortodoxa (Thales de Azevedo), e se destaca sua intolerância menor em relação às seitas protestantes. Enfatiza-se o caráter de protesto social do bandoleirismo sertanejo (Rui Facó).

Na medida em que se plasma esta imagem nova, vai-se tornando possível elaborar um projeto nacional de desenvolvimento autônomo, à luz do qual começam a ressaltar, como antecedentes, as lutas do passado, cujo sentido fora mistificado pelo historicismo oficial. Assim é que o revisionismo histórico revela o caráter revolucionário das rebeliões negras no período colonial, como a contestação mais veemente ao colonialismo-escravista (Décio Freitas); e desvenda a natureza sediciosa das insurreições camponesas de caráter messiânico que conflagraram extensas regiões do país como lutas pela reordenação da sociedade, após a independência (Euclides da Cunha).

Dentro dessa nova compreensão também ganham sentido de atualidade os programas dos movimentos urbanos de emancipação dirigidos por letrados, como a Inconfidência Mineira; revela-se o caráter cruento das revoluções de 1817, 1848 e da Confederação do Equador, bem como o sentido de lutas pela reordenação social da Guerra dos Farrapos e das grandes insurreições populares como a Cabanagem e a Praieira. Todas essas lutas passam a ser vistas como expressão de uma consciência nacional, virtualmente insurgente, tornada possível pela eclosão da Revolução Industrial que, deslocando as potências ibéricas para um plano de dependência ainda maior, ensejaram a reabertura do debate sobre a ordenação social. Propondo-se projetos de libertação do jugo colonial e de reordenação da sociedade, esses movimentos denunciavam uma postura atenta para o papel determinante da exploração estrangeira na perpetuação do atraso e da constrição estrutural exercida pelas classes dominantes nativas. As proclamações políticas desses movimentos e algumas das obras de seus militantes são, por isso, exemplos admiráveis de antecipações da consciência crítica (Wamireh Chacon).

Exceto as expressões ideológicas daqueles movimentos renovadores que revelaram um elevado nível de consciência crítica, a produção propriamente erudita da intelectualidade brasileira era meramente diagnóstica ou armada de preocupações reformistas muito superficiais. Até 1945, estas formulações eram, sobretudo, façanhas de intelectuais desligados da conscientização paralela que se processava nas massas urbanas, principalmente nos assalariados. Estas já percebiam o caráter retrógrado do velho patriciado político, enquanto a intelectualidade continuava repetindo consignas liberais, inteiramente inciente de que eram instrumentos de uma falsa "democratização" que só servia aos interesses patronais mais

retrógrados e aos projetos norte-americanos de recolonização do país.

A primeira ruptura com a consciência ingênua, por
parte da intelectualidade brasileira, tem lugar com o
surgimento da literatura moderna, particularmente a
regionalista que atinge, em certos casos, dimensões
de denúncia social candente. Não ultrapassa, porém,
o âmbito de expressão literária da realidade como
problema porque não fora instrumentada para o estudo da revolução social como a tarefa crucial da inte-
ligência brasileira.

Esse passo foi obstado até recentemente por três
barreiras. Primeiro, a doutrinação sociologística em
que muitos intelectuais treinados para a investigação científica se perderam em tarefas irrelevantes e
em ilustrações, com dados locais, de teses em voga
nas revistas internacionais de ciências humanas.
Em lugar de prosseguirem na linha dos pensadores
iracundos da geração passada, desconheceram suas
contribuições, adotando uma temática e uma metodologia inadequadas para a explicação científica da
realidade brasileira e dissuasivas de qualquer ação
política, como se a transformação da sociedade não
fora problema seu. Segundo, a doutrinação marxista
dogmática que tanto desprezava os esforços anteriores de conhecimento da realidade brasileira, quanto

a investigação sistemática, a ambos substituindo por um discurso sectário eivado de consignas pseudorrevolucionárias. Terceiro, o caráter fascistoide e direitista do movimento intelectual brasileiro de orientação nacionalista, o integralismo, que proveu pioneiramente formulações anti-imperialistas (sobretudo antibritânicas) e alcançou repercussão pública no Brasil.

A vertente socialista que já vinha do século passado (Vamireh Chacon 1965) só amadurece com o movimento comunista. Entretanto, as vicissitudes nacionais e internacionais dele atrasaram até o presente a aplicação fecunda do marxismo na formulação de uma teoria da revolução brasileira. Não obstante sua debilidade e seu caráter de transplante de teses europeias — sem a capacidade de questioná-las e redefini-las à luz da realidade brasileira —, aquele movimento representou um papel saliente na elevação do nível de compreensão dos problemas brasileiros e de formulação de consignas reformistas, muitas das quais se converteram em bases programáticas dos movimentos progressistas.

Nos últimos anos começou a surgir uma esquerda nacional inspirada nas lutas emancipadoras do Terceiro Mundo. Três fatores, de forma polêmica ou dialética, aceleram a sua conscientização: a crítica ao stalinismo, a remoção do pensamento católico e a vitória do socialismo a partir de algumas formações neocoloniais.

Inicia-se assim um debate sobre a natureza da revolução brasileira, de profundidade maior que qualquer esforço anterior, polarizado na polêmica sobre o papel das vanguardas conscientizadoras e sobre a capacidade de ação histórica dos diversos estratos populares. Esse debate começa por questionar os próprios esquemas conceituais marxistas em sua forma dogmatizada e acaba por voltar a Marx como a fonte mais fecunda de inspiração para a análise da realidade brasileira. Assim se vão alcançando certos requisitos necessários à compreensão na natureza da revolução brasileira e das tarefas históricas que ela impõe.

## CONSCIÊNCIA INGÊNUA E CONSCIÊNCIA CRÍTICA

A crise fundamental por que passa, hoje, a cultura brasileira corresponde à passagem de uma consciência ingênua — correspondente à percepção das condições reais como naturais, sagradas e inevitáveis — a uma consciência crítica, reflexo do entendimento da realidade como problema e suscetível de mudança (Vieira Pinto, 1960). A primeira forma de consciência trata a realidade como o resultado natural da interação de forças superiores à capacidade humana de intervenção e à ordem social como desejável e de caráter permanente. A segunda, explora as contradições entre as formas estereotipadas da realidade e a realidade mesma, alargando a consciência necessária até os limites da consciência possível para perceber a temporalidade das intervenções e a possibilidade de intervenção racional na sua reordenação.

As duas modalidades de consciência se encontram em todos os níveis culturais. No plano da cultura vulgar, de tradição oral, a consciência ingênua pode ser exemplificada pela mentalidade correspondente à atitude conformista de resignação com seu destino por parte dos estratos subalternos, como o camponês e o operário. Neste mesmo plano, porém, pode surgir uma consciência crítica nas classes subalternas quando estas chegam a compreender a realidade como injusta e se rebelam contra ela. É certo que sua consciência possível é arcaica porque se exprime em termos de tradição, geralmente na forma de insurgências messiânicas. Mas é igualmente certo que é de natureza crítica enquanto percepção da realidade como antinatural e suscetível de mudança.

Nas camadas privilegiadas dificilmente medra a consciência crítica. A forma mais aproximada dela emerge quando uma parcela da classe dominante se sente coactada em seu enriquecimento ou no acesso ao poder, pela ordenação vigente. Este foi o caso do patriciado político brasileiro engajado no movimento abolicionista e republicano. Havendo dado alguns passos no sentido de uma consciência crítica, desembocou na alienação devido ao caráter justificatório de sua ideologia e ao artificialismo desta, como transplante de ideais libertários formulados em outros contextos e só apreciados em seus conteúdos formais.

Mesmo os estratos eruditos das camadas dominantes dificilmente escapam à contingência da consciência ingênua. Este é o caso, por exemplo, dos intelectuais pessimistas e amargurados com a realidade, concebida como o resultante de fatores incontroláveis que os converte em porta-vozes de concepções racistas e do "darwinismo" social. Seus próprios privilégios de ilustração os faz ambíguos culturais, cujas obras refletem menos a observação direta do modo de ser de sua sociedade do que visões alheias sobre ela.

Em nossos dias, a expressão mais típica da consciência ingênua, no plano erudito, é dada pelos quadros oficiais da sociologia, da economia e da antropologia acadêmica; já não recorrem aos determinismos climáticos ou raciais, suficientemente desacreditados, mas a procedimentos mais sutis tais como a conceituação de que a ordem existente, gerada pela interação espontânea de forças sociais, só é passível de mudanças lentas e gradativas. Este artifício converte conceitualmente a ordem social num sistema natural com o que se pretende demonstrar a inocuidade dos esforços tendentes a provocar mudanças rápidas e profundas.

Somente no plano erudito, porém, se pode formular explicitamente uma consciência crítica pela exploração exaustiva e sistemática dos limiares da consciência possível em cada conjuntura histórica. A consciência crítica brasileira é encarnada, presentemente, pelos intelectuais que, percebendo o caráter circunstancial e erradicável do atraso, indagam das causas reais do subdesenvolvimento, formulando estratégias libertárias e prefigurando o modelo de sociedade que convém a seu povo.

Entretanto, ao contrário da consciência crítica das camadas subalternas — que encontra em sua experiência existencial meios de controlar a própria alienação — mesmo a consciência crítica da intelectualidade mais avançada está sempre sujeita a alienar-se. Assim é que as insurreições populares fundadas numa mentalidade arcaica, apesar de se rebelarem contra a ordem vigente em nome de valores sagrados, ameaçavam concretamente as estruturas de poder; não se equivocavam quanto a seus inimigos, nem quanto a imperatividade de criar uma ordem social nova. A consciência crítica no plano intelectual, carecendo dessas amarras com a realidade palpável leva, frequentemente, a atitudes de puro desespero. É o caso dos intelectuais *damnés*, em luta contra tudo que seja simbólico da ordem tradicional; dos "revolucionários" que se pagam com palavras, realizando-se nas polêmicas internas; ou dos céticos, atolados no cinismo e na frivolidade.

Um alto nível de consciência crítica, no plano intelectual, só pode ser alcançado simultaneamente com uma práxis que permita estabelecer vínculos entre a consciência crítica, embora arcaica, das classes subalternas e as formulações eruditas dos caminhos da emancipação social, política e econômica. Assim se somam as tensões populares com a consciência possível no plano intelectual.

Assim, a tarefa histórica, para o povo brasileiro, situa-se, no plano ideológico, como o desafio de amadurecer uma consciência crítica capacitada a compreender a realidade brasileira, a formular um projeto nacional realista e motivador de desenvolvimento pleno e autônomo e apta a formular uma estratégia que permita mobilizar as forças populares para enfrentar a conjura de interesses que mantém a nação atada ao subdesenvolvimento. Como assinalamos, esta conscientização não será o produto da criatividade intelectual, senão de condições conjunturais que, tornando-a necessária, a estão fazendo possível. A melhor demonstração deste fato é a difusão, nos últimos anos, de uma postura crítica virtualmente emancipada em amplos setores antes hostis a qualquer mudança que — apesar da presença estrangeira na imprensa, no rádio, no cinema e na televisão e da copiosa produção paracientífica de pesquisas subvencionadas por órgãos de governos estrangeiros — vai forjando uma consciência nova que se reafirma e se generaliza, ganhando diversos setores da vida nacional, indiferentes ou alheios, a qualquer transformação.

Assim se vão mobilizando as forças que, amanhã, estarão em condições de estruturar uma ordem social desde as suas bases, e, ao mesmo passo, refazer a própria cultura nacional como uma criação autêntica, voltada para o futuro e capacitada para integrar o Brasil na nova civilização emergente.

# ivy-marãen: a terra sem males, ano 2997

PIING E EU — meu nome é Olav, ele é chino, eu escandinavo — estamos voltando de uma longa viagem ao que era o mundo tropical americano. Não só tropical e florestal, porque lá há, também, extensos altiplanos gelados e imensas savanas semi-áridas. Hoje é quase tudo o mesmo, porque lá também o clima deixou de comandar os homens. Vive-se bem por toda parte.

O mundo que mostramos detalhadamente, para ser visto por toda gente, através dos sistemas mundiais de comunicação, é hoje chamado Ivy Marãen. Palavra antiga da língua tupi-guarani, que significa Terra Sem Males. Mil anos atrás, na virada do segundo para o terceiro milênio, esse nome designa certas áreas da costa de Santos, em São Paulo, e de São Luís do Maranhão, onde os Índios queriam chegar para alcançar a morada de seu deus Maíra, onde viveriam eternamente. A crença era de que, se viajassem sob a condução de seus pays, ou sacerdotes, rezando e dançando por muitíssimas noites, seus corpos se tornariam tão leves que, olhando o Ivy-Marãen, levitariam para ir e viver lá. Era a reação desses indios, que haviam sobrevivido a meio milênio de perseguição, ao medo de estar chegando a hora de seu extermínio.

Hoje, Ivy-Marãen designa toda a macro-nação que ocupa a América do Sul, nas extensões onde antes existiam o Brasil, as Guianas, a Venezuela e a Bolívia, o pequeno Equador, a Colômbia, o Chile, o Peru, a Argentina, o Uruguai e o Paraguai. Suas designações, às vezes bizarras, como a gente da prata, da linha do Equador, ou de Bolívar, deram lugar a esse nome único, abrangente e belo.

O nome Ivy-Marãen corresponde à moraria de um um povo só, os ivynos, unificados pela fusão de suas raças originais, pela língua que falam e uniformes também em sua cultura como produtos que são de um mesmo processo civilizatório,

Constituem um bloco de cerca de dois bilhões de gentes, que é o que corresponde aos neolatinos no conjunto da humanidade, ao lado dos pan-chineses, dos árabes, dos eslavos, dos indianos e dos neobritânicos.

Nossa curiosidade era imensa de ver e mostrar ao mundo esse fruto da latinidade romana, gerado pela rama ibérica, a única que se multiplicou prodigiosamente.

## AMAZÔNIDAS

Desembarcamos na cidade de Belém, na boca do Amazonas, trazidos por um dos grandes aviões intercontinentais que diariamente derramam ali muitos milhares de pessoas a carregam de volta outros tantos. É um aeroporto importantíssimo, porque se abre tanto para quem quer subir o curso do Amazonas como para quem quer descer numa bela viagem aquática até Buenos Aires, através de rios e canais.

Retiramos da nave nossa embarcação, que veio desmontada, e a transportamos para um canto da pista. Ali mesmo demos as ordens para que ela própria se remontasse. É um veículo admirável pela sua flexibilidade e pela sua doce obediência aos nossos comandos verbais. Alevantam voo para mostrar um pedaço de floresta que queiramos ver do alto, ou baixam, para tornar acessível e visível até a raiz das grandes árvores. Nele moramos, tendo ali todos os serviços de um hotel sem empregados, mas com pronta atenção a cada um de nossos desejos.

Primeiro demos uma revoada geral sobre a ilha de Marajó, os rios que a formam e as matas que a circundam, na esperança vã de ver uma pororoca que a previsão do tempo não registrava, mas que desejávamos demais presenciar. Apenas conversamos com o mundo de nossos espectadores, mostrando a massa descomunal de águas que, atraída pela Lua, levanta-se da terra para o céu, e mostramos fotos e filmes registrados por outros pesquisadores. O que ficou para nós, impresso para sempre na memória, foi o fulgor e a exuberância da floresta amazônica, sua diversidade incomparável de espécimes e seu silêncio espantoso. Só vibra e fala ao amanhecer e na boca da noite, quando todos os bichos — macacos, pássaros, aves e insetos — clamam suas vozes com medo da noite que vem e encantamento pelo dia que retorna.

Subimos depois pelos grandes afluentes do Amazonas para ver e conviver com a gente feliz que lá está. Sua função principal é ver a mata viver e crescer com seus milhões de seres vivos e tudo registrar para a Lexomundo, que é a grande Universidade do mundo. Cuidam também de facilitar a vida da mata, só deixando tocá-la no que pode ser retirado sem prejuízo. Vivem em comunidades de amplas casas muito ventiladas, dispostas em círculo ao redor de uma grande casa-templo, que é sua comunicação com o mundo e seu centro de entretenimento e de estudo. Ali, quem sabe ensina tudo o que sabe a quem não sabe. Há comunidades dessas especializadas na cultura do saber botânico, zoológico e, sobretudo, ecológico, que estão sempre em comunicação com os centros de pesquisa lá de fora.

Mantém-se por um ativo trabalho criativo nos igapós da beira-rio e nas inúmeras lagoas. Nos primeiros, criam jacarés e dezenas de espécies de tracajás e muçuãs, Nas lagoas, criam e recriam todas as variedades de peixes ornamentais e comestíveis da Amazônia. O mais lucrativo, porem, são suas densas plantações de árvores frutíferas, que dão os sucos e polpas mais deliciosos que há: cupuaçu, bacuri, maracujá, açaí, pupunha, murici, etc, Tudo é planejado nas pequenas clareiras naturais do meio da mata ou à margem dos rios. Sua produção é exportada.

As comunidades assentadas nas terras de floresta alta dedicam-se também ao plantio de madeira de lei, como o mogno, jacarandá, etc. Plantam também bosques de castanheira, que com a nova tecnologia genética começam a frutificar precocemente.

Esse tipo de vida florestal e tão atrativo que chama muitos turistas a viver temporadas com eles, ajudando-os nas suas tarefas, mas proibidos de matar o que quer que seja. Em certas estações, quando a mata é mais vicejante e o clima mais ameno, moradores e visitantes vivem todos nus, só carregando, na ponta de

uma vara que levam ao ombro, a máquina fotográfica
e os objetos dc que necessitam. Dormem na mata os
casais, sós ou com seus filhos, encantados do que parece ser um retorno ao passado prístino, quando é de
fato a forma mais avançada de viver dos homens.

Não resistimos ao desejo de comparar a cultura
desses caboclos: à cultura francesa. A força cultural
maior da França vem de sua capacidade de produzir
muitos e bons queijos de cabra e excelentes vinhos,
além de uma culinária refinada. Os caboclos produzem os sucos mais gostosos mas têm, além disso, uma
culinária riquíssima, feita à base de carne de muçuã
e de muitas variedades de peixes e de caças, cozidos
num molho prodigioso chamado tucupí, que torna
excelsa sua comida.

Como toda a gente, hoje em dia, leva no pulso seu
comunicador universal, ninguém está sozinho. Instantaneamente se comunicam com qualquer pessoa
em qualquer parte da terra e projetam sobre qualquer superfície, inclusive a casca de uma grande árvore, as imagens que querem ver. Embora tudo isso
seja arqui-sabido, nossa teleaudiência mundial tudo
acompanha, interessadissima. Comunicam-se conos-
co através de nossos capacetes, cuja função é olhar
e ver e ouvir e cheirar tudo o que olhamos, vemos e
cheiramos, não só para comunicar instantaneamente

como para registrar. Nosso trabalho é, portanto, leve. Piing e eu não fazemos mais do que aqui viver, convivendo com os amazônidas. O capacete é que capta e emite tudo. É também ele quem recebe e seleciona as inumeráveis mensagens que nos mandam de toda parte. Ficaríamos aqui para sempre se atendêssemos à vontade de nosso público cibernético mundial, tanto a Amazônia os encanta.

Andando nesses mundos, ressaltam a nossos olhos tanto a beleza da mata como a de seus habitantes. As aves mais belas, elásticas e elegantes que se possa imaginar. Os pássaros mais canoros. A massa luxuriosa de insetos, zumbindo sob as árvores. Os bichos maiores, como antas, onças, veados, tamanduás, macacos. As numerosas cobras, imensas ou minúsculas, e a fauna inumerável das águas. O melhor, porém, é ver a beleza dos caboclos, a raça nova feita pela fusão dos índios com brancos e negros, que já alcançou uma uniformidade admirável e que constitui hoje uma das mais altas faces do humano. Além de sua beleza física, a alegria de viver e conviver que os anima e seu amor à pátria florestal fazem deles uma gente que vale a pena ver.

Piing conseguiu uma proeza de nossa embarcação. Através de comandos verbais cuidadosos, ela projetou para fora grandes braços flexíveis que nos permitiram pousar na fronde imensa de uma castanheiro, que é a maior árvore da Amazônia. Lá ficamos de olhos abertos para aquele mar de folhas, vibrante de vida. Vista de cima, a floresta, a princípio, parece uma só, que se estende por todos os lados como no imenso mundo verdejante. Nossos óculos especiais, que permitem ver à distância, em detalhes, cada pedaço de mata, nos ofereceram um espetáculo maravilhoso. O próprio verde da mata varia enormemente de tons, chegando ao azul profundo. Mas no meio desse folhal ressaltam frondes enormes de cores que vão do cinza ao prateado. Outras são cor de sangue, rubras. Também há as frondes flagrantemente amarelas.

É também bonito de ver e sentir o ritmo milenar de vida da floresta. Árvores antiquíssimas, ainda verdejantes. Outras, empalidecendo, marcadas para morrer. Por baixo do manto florestal é insondável a trama de cipós, que descem das árvores ou sobem a elas. No chão, são lindos de ver os arbustos variadissimos e arvorezinhas teimando para crescer com a nesga de sol que dificultosamente chega até elas. Lá sobre nossa castanheira demoramos todo o tempo possível, não que queriam nossos acompanhantes cibernéticos. Eles pediam que vivêssemos lá.

# O INCÁRIO

Chegamos até as nascentes do rio Amazonas, no alto dos Andes. Lá pousamos em Machupichu, admirados por sua preciosa arquitetura milenar, primorosamente conservada. Era, originalmente, uma comunidade religiosa que reunia os sacerdotes que estavam sendo caçados pelos espanhóis. Ali regaram por séculos pela revivência do Incário, que tinha sido avassalado.

As construções são edificadas ao redor de um templo de orações e sacrifícios, num altar cortado na rocha viva.

O que mais nos gostou de ver foi a reconstituição que seus cientistas fizeram das plantas cultivadas nos terraços de Machupichu. É inesquecível a beleza, o cheiro dessas plantas arcaicas, medicinais e ornamentais, cultivadas por milhares de anos, perdidas, mas que agora reverdecem.

O mesmo se dá com os povos do altiplano, repostos em sua identidade étnica original de incas e refeitos dentro da versão atual de sua velha civilização. É gente esbelta, de largos peitos, para respirar bem o oxigênio escasso das altitudes em que vivem. Sua figura é bela e severa, como a lembrar a decapitação de sua alta civilização e os séculos que se seguiram de compressão etnocida e furor genocida da colonização espanhola.

O processo de conquista da autonomia e autodeterminação foi uma luta secular, em que tiveram que destruir as cidades de Lima e de La Paz, que funcionavam como agências de cristianização e europeização dos povos do Incário. Afinal, tiraram de lá toda a sua gente, sobretudo as crianças e jovens, para refazê-los. Lá deixaram os que só sabiam ser euros, para viverem como quisessem nas praias do Pacífico.

Através desse esforço secular se refizeram para serem amanhã — já hoje — o que foram proibidos de ser. A partir de seu ser original, criaram uma nova civilização. Todos falam uma mesma língua local, desenvolvida a partir do quechua e do aimara. Cultuam velhos hábitos, sua antiga culinária, orgulhosos de terem dado ao mundo, de novo, a presença do império incaico, tão ameaçado de desaparecer.

Sobrevoamos longamente suas velhas cidades, renovadas numa arquitetura inspirada em suas artes arcaicas. Visitamos também seus campos especializados na criação de lhamas, de alpacas e de vicunhas, que tratam com extremo carinho. Essa última lhes dá a lã mais sedosa, a melhor que há e a mais desejada do mundo como abrigos elegantíssimos feitos em suas cores naturais que vão do marrom ao ouro velho.

O mar dos neo-incas é o Pacifico, sobre que se inclinam. É dele que tiram sua primeira riqueza, que são os frutos do mar — grandes, belos, suculentos, que só se encontram ali. O Pacífico, porém, mais que meio de vida, é seu espaço planetário, que os comunica com o vasto mundo oriental da Pan-China de mil povos. Toda essa gente, que é a metade da humanidade, se entende muito bem e se comunica, com muita alegria. Uma função a que todos os pan-chinos se dão com o maior entusiasmo é atravessar seu mar-oceano estudando suas águas, suas correntes, suas fossas abissais com tal detalhe que não há, talvez, área melhor conhecida na Terra. Os ivynos, na sua Face neo-incaica, participam ativamente dessa luta pelo conhecimento do maior dos oceanos.

Todos os pan-chinos orgulham-se muito de serem o mesmo povo, que vinha variando desde a diáspora do começo dos tempos e que agora reencontra sua identidade original. Isso graças à nossa língua analógica, que todos os humanos aprendem, desde criança. Seu aprendizado, de fato, é o patamar inicial da educação porque, em nossa língua comum, cada palavra significa, irretorquivelmente, por sua composição, a que coisa se refere. A um ente cósmico, morto. A um ser vivo, mostrando seu estágio de desenvolvimento. Aprende-la é a melhor forma de classificar o mundo, em todas as suas variedades de coisas e entidades, da forma mais objetiva. Todos nós a usamos, mas naquele mundo transpacífico, de línguas locais faladas por milhões, é ela quem dá comunicação viável à multidão de povos que o habitam.

A língua analógica foi desenvolvida originalmente para que os computadores pudessem traduzir, em tempo real, qualquer língua a qualquer outra. O problema desafiou por anos os tecnólogos, que afinal encontraram a solução, com uma língua artificial para a qual cada outra pode ser traduzida instantaneamente e da qual possa expressar-se em qualquer outra língua.

Os homens continuam pensando em palavras, palavras que podem dizer verbalmente e que se podem, também, escrever foneticamente. Agora, entretanto, com uma liberdade e uma acuidade infinitamente maiores. Isso porque a língua analógica é expressável também em notas musicais que, em lugar de um texto, fazem uma partitura bela e compreensível. O efeito dessa musicalidade foi enorme sobre a poesia, que agora se expressa não só através de canções musicadas, mas também fazendo significativo o próprio desdobrar das linhas musicais. Resultou disso um reflorescimento da poesia, de que se ocupa quase toda a gente. E, sobretudo, a revitalização da poesia clássica. Em quase toda parte se ouve como som ambiente mensagens da nova poesia ou antigos textos dando a Dante, Shakespeare, Ezra Pound, Fernando Pessoa e Camões um enorme público de apreciadores.

A gente do altiplano é vidrada pelo fogo e pelos jogos. Dentro de cada casa têm sua lareira e recusam qualquer calefação. Fora, acendem grandes fogaréus públicos. Sua sensibilidade é extrema para o cheiro de fumaça da lenha que queimam, tanto quanto seu encantamento pelos estalos e pelo crepitar das labaredas.

Outra particularidade deles, que ganha fãs no mundo inteiro, são seus prélios esportivos, de homens com lhamas. Não jogam com bolas, mas com tubos de borracha, que as lhamas seguram na boca e os homens levam nas mãos. Esse é hoje um dos esportes mais populares no mundo. Tanto que os neo-incas cobram taxas para quem queira assisti-los. Os partidos que se defrontam e com que as torcidas se identificam são compostos de homens e lhamas, para que o esporte não se converta em guerra entre espécies.

## PANTANAL

Chegamos afinal ao centro do continente sul-americano, de terras tão baixas que por um longo período do ano estão inundadas. Ali, os bichos e os homens seguem o ritmo das águas, aproximando-se do curso dos rios quando ela se recolhe e afastando-se dele quando refluem.

É o Pantanal. Os primeiros europeus o chamaram de Mar de Xaraiyes, em razão de sua enormidade de águas meio salobras. O devem ter visto na estação das cheias. No estio, soube-se depois, as águas fluem e refluem. O Pantanal é hoje um dos grandes jardins da Terra pela beleza e variedade de sua flora e de suas aves, peixes e mamíferos. E por isso um dos maiores centros internacionais de turismo fotográfico.

No meio daquele agual extensíssimo, encontramos gente vivendo em palafitas amplas e confortáveis, que cumprem duas ordens de funções em veículos semelhantes aos nossos e com instrumental adequado para mover as águas. Uns ocupam-se de deixar entrada livre aos grandes peixes que vêm do oceano Atlântico para ali desovar e se reproduzir. O oficio dos outros é fomentar o crescimento da fauna do próprio Pantanal. Tudo isso com o objetivo de fazê-lo produzir quantidades incomensuráveís de peixes que, descendo pelo rio Paraguai, chegam ao rio da Prata, que constitui assim o maior pescal que existe.

Gostamos de encontrar ali uma gente muito arcaica, mas refeita em suas potencialidade, que são os índios Kadiwéu. Contando com extensos campos de criação, cuidam ali de seus rebanhos de cavalos de raça e de gado vacum. É um espetáculo vê-los em seus cavalos, cuidando sua gadeira.

Esse povo foi o único da América do Sul que adotou o cavalo e aprendeu a criar vacas. Fizeram do cavalo uma arma de guerra, o que lhes permitiu criar um verdadeiro império. Dominavam todos os povos índios que iam das margens do rto Paraná até o alto Picomayo e lavavam seus ataques a Assunção, ao sul, e a Vila Bela, ao norte. Em toda essa vasta área, forçavam os povos agrícolas a lhes prover de alimentos e também de criança de dois anos, que eles criavam para serem Kadiwéus, porque suas mulheres, como uma nobreza, negavam-se a partir.

Associados a seus irmãos Paiyaguá, especializados na navegação oom canoas leves e ágeis, e, sobretudo com remos cuja ponta era uma lança, esses povos foram o adversário mais poderoso e combativo com que espanhóis e portugueses se defrontaram nas Américas. Toda essa energia guerreira ruiu, dissolvida pelo provimento de cachaça, que os levou à decadência. Só há uns poucos séculos voltaram a seu modo de vida de índios Cavaleiros e a seu orgulho de si mesmos.

# SULINOS

Do Pantanal descemos rio Paraguai abaixo até seu delta, no Rio da Prata. Lá nos cansamos de ver a multidão inumerável de pescadores que, vindos do mundo inteiro, lutam cada qual para fisgar peixe maior. O gozo de pescar é neles tão intrínseco e carnal que parece até uma propen Mo humana inelutável. Seus barcos de mil formas, suas redes e anzóis de mil tipos peneiram as águas à procura de peixes, cada qual suspendendo, com orgulho, o que agarra. Barcaças já na boca do mar procuram recapturar em gran¬des redes o que os pescadores deixaram passar.

Em vez de lá ficar vendo tanta gente pescar, viajamos pelas redondezas. Do lado da antiga Argentina nos surpreendeu ver grandes criações de ovelha e de gado. O surpreendente é que os homens pouco cuidam de sua criação. Ela está entregue inteiramente ao que nos pareceram robôs. Vimos depois que são cães adestradíssimos. Eles conduzem os rebanhos daqui para ali, onde há menos frio e mais pasto, e já os entregam, peludas as ovelhas e carnudos os bois, para o consumo humano.

Na antiga Argentina deparamos também com outro inesperado, que é a propensão maníaca deles para a Matemática. Realizam congressos o ano inteiro, até nas ruas e praças, e apreciam os grandes matemáticos, deles ou estrangeiros, como deuses. Tive até uma ponta de inveja quando vi que, sabendo que quem ia comigo, Piing, era um grande matemático, puseram-se no seu encalço, pessoalmente ou através de nossos capacetes comunicantes, doidos para falar com ele. Piing atendeu uns quantos. Com eles passou horas, em diálogos de poucas palavras e muitos números e simbolos, discutindo preciosidade matemáticas. Tive que tirá-lo dali, porque nele também era visível o gozo daquele convívio.

Esses ivynos são impossíveis. Recebem cerca de um bilhão de visitantes por ano, mas ainda assim selecionam entre todos aqueles que querem conhecer melhor. Esse foi o nosso caso, feliz ou infelizmente. Piing teve que atendê-los, e gostou. Comigo também uns quantos quiseram falar, porque descobriram que eu sou um dos poucos homens que fez uma viagem extragaláctica. Meu capacete insistiu em que tudo o que eu sabia estava no Lexomundo, mas eles queriam entrar em comunicação pessoal comigo. Sobretudo os jovens. Nosso capacete zunia, esgotando sua capacidade de escutar, atender e registrar toda aquela imensidade de curiosos. Veja-se que ele pode comunicar-se com dez pessoas simultaneamente. Ainda assim não davam conta dos sulinos.

Fomos ter à chamada Banda Oriental, a partir da cidade de Colônia. Eu estava cheio de curiosidade para ver as plantações uruguaias de gado. Nada há, de fato, mais espantoso. Seus campos, antigamente cheios de vacas, agora são plantações que se estendem por todos os lados de um cogumelo negro, suculento e de cheiro insuportavelmente bom, que não aguentaríamos se não usássemos filtros na sais. Com esses cogumelos os uruguaios produzem, para exportação, deliciosos churrascos gaúchos, baby beefs argentinos, picadinhos mineiros à ponta de faca e mil outras iguarias que o mundo come deliciado, cuidando que vem da gadaria uruguaia.

Os uruguaios mesmo mal se deixam ver, e nossa curiosidade era enorme. Eles são os únicos homens que os-aram moldar a figura humana. Quando toda a gente deixou de fumar cigarros, depois de quinhentos anos fumando gostosamente, os uruguaios substituíram os cigarros de tabaco por novas formas de cigarro, que são alimentícias e têm muita vitamina. Fumando--os através dos séculos, alargaram enormemente seus peitos e afinaram a cintura. Isso porque passaram a usar o pulmão como a forma melhor de alimentar, porque põe fumaças substanciais diretamente em contato com o sangue, que as absorve incontinenti. Os intestinos, dado o pouco uso, se reduziram a tripinhas.

## BENNINOS

Estávamos nós nos cogumeleiros quando deparamos com os visitantes do outro mundo. De repente, invadiram nossas mentes pedindo que nos acalmássemos. Nós olhávamos por todo lado e não víamos ninguém. Adivinhamos então que seriam os benninos.

Deles sabíamos tudo, mas nunca tínhamos tratado nenhum, mesmo porque eles não têm identidade própria discernível. Piing fez boas relações instantaneamente com eles, porque se comunicou abrindo a mente, e eles viram que valia a pena ler o espírito cheio de números de meu amigo. Ele conversou muito e aprendeu bastante dos extraterrenos. Vêm de Benn, uma planeta redondo como os outros, da galáxia de Terêeh.

São um epifenômeno do ferro, como a ferrugem, tal como nós somos um constructo do carbono. Não têm seres individuais, o planeta inteiro é um só ser que pensa e se comunica. Vivendo num planeta feito quase só de ferro, têm nele sua fonte de energia. Seu espirito estava ali, surpreendido com o que os uruguaios conseguiram, domesticando aqueles cogumelos, imaginavam que fossem comandados mentalmente, caso em que teriam também espírito. Mas não é assim. Os uruguaios têm que colher sementes, plantar mudas e substituir trabalhosamente cogumelos velhos por cogumelos novos. Eu sentia nos visitantes o desejo que tinham de cuidar daquela criação com suas mentes.

Não fomos nós que descobrimos esses extraterrenos. Foram eles que nos descobriram. Viveram séculos nos observando, incansáveis, sem se meter em nossas vidas. Eram invisíveis para nós porque se apresentavam fisicamente como simples rastros de ferrugem. Durante certo período, tiveram tamanho temor de que os homens matassem em guerra toda a vida no Planeta, que programaram a forma de vida posterior sobre a Terra toda contaminada pela energia nuclear. Felizmente não veio a guerra do fim da vida. Mais tarde, eles decidiram comunicar-se com a humanidade, quando a viram dar os primeiros saltos ao mundo exterior. Queriam advertir-nos de que não procurássemos aí por fora gente de dois ou três olhos, de nariz comprido e de orelhas de asno, semelhantes aos homens. Era perder tempo. A forma de vida mais avançada que encontraríamos era a deles próprios, os benninos.

Além do seu planeta natal, tinham um outro, colocado numa galáxia de posição oposta como um seu outro olho de observação do Universo. Chegaram a levar uns poucos homens sábios aos seus dois planetas, mantendo-os lá em campânulas voadoras, que lhes permitiam andar por onde quisessem e ver o que desejassem. Mostraram também aos humanos um planeta em que se desenvolveu um fungo fétido, mas com grande poder comunicante. Eles eram os seres mais capazes de desenvolver vida inteligente que os benninos encontraram mundo afora. Talvez por isso tenham chamado tanto a sua atenção os cogumeleiros uruguaios. Imaginavam que fosse outra forma vegetal de vida inteligente.

## BRASÍLIA

Quiséramos visitar Brasília, mas já havíamos gasto muito tempo e já fôramos lá nós ambos. É de ver a capital de Ivy-Marãen, inventada há rnil anos por um certo Lúcio como uma cidade intencional, feita para funcionar a serviço dos homens. Por séculos operou só para atender a burocratas poderosos, mas acabou se entregando a todos como um bem comum. Suas superquadras, arborizadas e floridas, suas moradas amplas e claras abrigam hoje enorme quantidade de gente, que gosta demais de viver ali. As cidades antigas, por bonitas que sejam, surgiram por acumulação no tempo. São irracionais e absurdas. Brasília floresceu primeiro na cabeça de um homem, depois foi plantada no chão do mundo pelo duro trabalho de milhões.

Na Era da Decadência, Brasília sofreu muito. Mas uma vez mais ascendendo à condição de capital de Ivy-Marãen pode reflorescer. Teve seus palácios primorosamente restaurados. Não cumprem função alguma, aparentemente. Só se dão à altíssima função de existirem para serem vistos em toda sua beleza.

A qualidade mais assinalável de Brasília, além de capital de Ivy Marãen, é de centro principal da maior área do mundo iluminada fortemente pelo Sol durante o ano inteiro. Nessa base, assentaram-se ali cultivos de milhões de quilômetros de arbustos e árvores que, capitando a energia solar, provêem a maior fonte de energia pura com que a humanidade conta. Esgotados os combustíveis fósseis — o carvão, o petróleo, todos poluidores — chegou afinal a vez do combustível solar. Puro e eternamente renovável. Metade do Brasil, que era ocupada por cerrados de vegetação raquítica, floresceu corno o mais amplo campo agrícola que existe. Ninguém imaginaria nos séculos anteriores que isso pudesse suceder, precisamente uma área que era tida como pré-desértica e em que toda a vegetação era escassíssima. Hoje, os campos energéticos de Brasília substituem o que eram as explorações de carvão e de petróleo.

O que mais agradou a nós dois, quando em épocas diferentes lá estivemos, foi a visita ao Templo Maior de Brasília, que funciona como o núcleo principal de controle do Lexomundo, que emite o saber humano para toda a Terra. Ali se alcançaram muitos avanços científicos, humanísticos e tecnológicos relevantes. Tudo isso faz de Brasília a cidade do espírito e de seu Templo a Universidade do mundo, que é a forma atual da Universidade de Brasília, criada há mil anos por um certo Darcy Ribeiro e que vem, desde então, se desenvolvendo.

Funciona hoje como um enlace de qualquer pessoa, de qualquer parte, que queira construir-se como um sábio. Quem o quer comunica-se por aparelhos ou por comunicação mental — se desenvolveu bem seus talentos para conectar-se e pedir orientação. É bem atendido e posto em contato com as pessoas mais capazes de ajudá-lo no seu campo de formação.

Como uma Universidade Virtual, sem alunos nem professores presentes, ela funciona através desses enlaces mundo afora. Escolhido o mestre e aceito como aluno, o estudante passa a trabalhar com toda uma massa de informações que recebe e na realização de programas de observação direta e expressão escrita da realidade, bem como no treinamento sistemático para pesquisas científicas. Ao fim desse período formativo, o mestre diz a seu discípulo que, já tendo a informação básica para pensar e o domínio da metodologia cientifica, se inscreva na Universidade como um novo mestre, aberto a seus próprios discípulos.

**RIO**

Das barrancas do rio da Prata voamos para o norte. Passamos uma boa hora na ilha de Florianópolis, que nos deixou experimentar a delícia de seus coquis saint-jacques, cozidos com maxixe e regados com a leve cerveja caseira que produzem lá. Voamos ali pela beleza da floresta de araucária restaurada, que cobre extensos campos e encostas. Lá, comemos entre os pinheiros gigantescos um cozido de pinhões com carne de capivara. Coisa fina.

Chegamos afinal ao Rio, terra do Sol, há mais de mil e quinhentos anos louvada como a província mais bela da Terra. Tão bela mesmo que os europeus que primeiro a viram indagaram do Santo Papa se a Terra Descoberta não era o Paraíso Perdido de que fala a Bíblia. Era natural seu espanto, que ainda hoje assombra a quem chega lá e vê uma imensa montanha de granito, coberta de floresta tropical, entrar mar adentro, formando ilhas e praias às mil. No alto da morraria de Angra dos Reis descemos nossa embarcação e lá ficamos a ver, encantados, entre as árvores, lá embaixo, o mar, recortado em praias ou marcado por ilhas verdejantes. Beleza pura.

Decidimos no Rio hospedar-nos num hotel, porque aquela é terra que sabe cuidar de turistas. Passamos a tarde deitados em redes, tomando uma bebida estranhíssima feita de aguardente selvagem, batida com rodelas de limão fresco e temperada com pitadas de sal e de açúcar. Nada há melhor para descansar uma pessoa. Na terceira dose, se está meio bêbado. Na quarta, passa a tonteira e se acende um apetite feroz, direcionado. Irresistível, para uma comida que já vem chegando. É feita de grãos de feijão preto cozido com carnes curtidas, que se come chupando fatias de laranja azeda. Pedimos mais, porque a coisa é deliciosa.

Deitados outra vez na rede, meio dormidos, vimos a parede à nossa frente tremer-se toda para deixar ver uma Escola de Samba que ali entrava para nós. As dançantes e os dançantes, tão vivos, saíam da tela para nos arrastar ao seu baile. A simpatia carioca e sua alegria se comunicaram inteiras a nós, que lá ficamos a dançar e a cantar a música rítmica brasileira. Gastamos todo o dia seguinte voando sobre as extensíssimas praias do Rio, vendo os turistas que lá acampam, baixando onde nos dava vontade e rindo com aquela humanidade variada, em estado de encantamento.

## BAHIA

Partimos do Rio para a Bahia, a grande cidade negra. Negra? Tanta foi a mistura das raças que os baianos são claros. Quase como eu, com a diferença de seus belos narizes achatados e de suas duas bocas: a horizontal e a vertical, de lábios grossos, boas demais para beijar e para amar.

Os baianos têm um bumbum lascivo inconfundível. Mesmo quando estão calmos se sente bem seu ar orgiástico. Que será isso? Creio que é porque os negros assumiram tão carnalmente a visão indígena da vida como fonte de gozos que se entregam ao cultivo do corpo como o melhor que há a fazer. Será também sua conduta compensatória pelos séculos de escravidão que sofreram, proibidos de ser eles mesmos, gastos nas tarefas que lhe indicassem como um mero carvão. Talvez por isso os baianos não tenham nada do pudor casto ou das formas contidas de conduta de outras gentes. Acham tudo isso grossa besteira. Vivem é para viver, para tirar da vida o gozo que ela nos pode dar.

Visitamos seus templos de meditação e de feitiço. Até ali a luxúria se integra, impregnando a tudo e a todos. Baiano não é gente feita para o temor ao pecado. Seu reino é do gozo. Graças.

Passamos dois dias brincando de baianos, aprendendo com eles seu gozo de viver. Isso é o que fazem multidões de turistas que vão à Bahia aprender a ser gente humana, vivente. O espaço planetário dos baianos é o Oceano Atlântico e do outro lado a África, que não cansam de atravessar. Alguns deles se encantam tanto com o vigor da tribalidade que ainda se mantém em alguns povos da Africa, que neles se integram, mandando os filhos aos dois anos de idade viverem quatro anos lá para aprenderem a ter a dignidade do povo e da civilização negra.

**PRAIAS MORNAS**

Da Bahia fomos ter nos mil quilômetros de praias do nordeste de Ivy-Marãen, que parecem feitos para dar às pessoas gosto de viver. Percorremos lentamente aquela imensa costa marítima olhando tudo. Procurávamos as gentes antigas de lá. Só encontramos um grupo de pescadores arcaicos, que navegam mesmo em mar grosso com suas leves canoas feitas de troncos amarrados e servidos de uma vela de forma antiquíssima. Convivemos com eles um breve tempo, ouvindo suas histórias de pescarias miraculosas e de naufrágios. Eles guardam na mente cada barco que naufragou por ali, sabem o nome e a história dele, apontam o lugar onde está afundado, tudo como se estivesse ocorrido ontem.

O mundo já descobriu há séculos a beleza de Praias Mornas, e em todas as estações do ano lá estão grupo de gente de toda parte, arranchada à beira-mar. Não se trata aí da alegria cantante dos baianos, nem de sua lascívia. São gente calma, carregando no peito e na cabeça mais tristeza de viver que alegria, mas infinitamente talentosos para se deixarem queimar pelo Sol, dentro das águas mais deliciosas que há, mornas o ano inteiro. Raras pessoas, sobretudo nórdicos viciados nas friagens, não gostam. Um deles me disse que aquilo era tão horrível como tomar banho na sopa.

As Praias Mornas são a orla Atlântica de um vasto mundo interior de rica cultura: o antigo Nordeste, o antigo Brasil. Vale a pena visitá-lo para conhecer gentes que guardam nas caras sua dignidade e no espírito velhíssimas tradições. Ali ouvimos histórias de um jovem rei aloucado, que há mais de mil anos saiu com todos os outros nobres jovens para uma guerrilha de cruzadas e foi morto pelos sarracenos. Ainda hoje, aqueles nordestinos falam respeitosos daquele rei que para eles não está morto, mas encantado.

# IVY-MARÃEN

O mais espantoso para nós e para nossos acompanhantes cibernéticos na vista a Ivy-Marãen é a completa integração de seu povo. Falando uma mesma língua, oriunda do mesmo tronco, e cada vez mais parecidos uns com os outros, isso apesar da enorme variedade de gentes que havia ali antes do invasor europeu chegar, e dos contrastes daqueles que vieram depois. Como tanta gente tão variada pôde fundir-se racial, cultural e espiritualmente para criar essa civilização tropical e mestiça?

Sabemos de todos os detalhes desse processo formativo. Nenhum povo foi mais detalhadamente descrito em seu surgimento e em seu progresso. Mas não nos cansamos de admirar como por caminhos tão ínvios, através de tanta violência genocida, de tanto terrorismo etnocida, se gerou esse povo uniforme e cheio de alegria de viver. Seria acaso o próprio sofrimento secular de gente avassalada e escravizada que lhes dá esse sentimento de necessidade de vida? Essa curiosidade acesa que se constata em toda parte de gentes que querem compreender o mundo e marcar seu lugar nele?

Outro espanto é a modernidade dessa civilização tropical, assentada na ciência mais avançada e na tecnologia de ponta, mas capaz de valorizar profundamente toda nossa herança humanistica. Eles formam hoje, em 2997, um corpo de dois bilhões de gentes, uma das parcelas maiores da humanidade. Nela totalmente incorporada, orgulhosa tanto de sua singularidade como de sua capacidade de convivência alegre com todos os homens da Terra.

Os ivynos são os verdadeiros sucessores dos romanos, a antiga civilização que latinizou a Europa. São de fato filhos do mais fecundo dos povos romanos — o ibérico. Nenhum outro ramo europeu, exceto o inglês, se multiplicou tanto. E é aqui que multiplicou-se melhor, a meu ver. Não respeitando e conservando a velha matriz, mas a renovando continuadamente através da mestiçagem e da fusão cultural. Serão eles uma nova matriz da humanidade? Qual será seu futuro? A modernidade de Ivy-Marãen se expressa e se vê por toda parte de muitos modos, principalmente na sua capacidade e gozo de comunicação com o mundo. Diante deles qualquer ser humano merece respeito como ser único, que vale a pena conhecer e ouvir.

Usam incansavelmente seus comunicadores de pulso que intercomunicam todos os homens, mas a nenhum grupo acende tanta curiosidade como nos ivynos. São também um dos principais usuários do Lexomundo, enciclopédia do saber humano. Seus comunicadores de pulso não servem apenas para essa integração no mundo. Funcionam também como sistemas eleitorais, que permitem a todos os ivynos votar cada semana as inúmeras questões que são propostas, seja para a generalidade deles, seja para os habitantes de certa província. Tomam decisões sobre temas como o uso do sistema de propaganda, sempre mais propensos a aprovar programas que suscitem a solidariedade humana do que programas de vendas de refrigerantes.

Também em Ivy-Marãen o livro entrou em obsolescência. Só se vêem nas mãos dos colecionadores, que gostam deles como raridades e objetos de arte. Quem gosta de ler com uma leitura à mão tem as tabletas bizantinas, em que o Lexomundo imprime instantaneamente o texto que se queira, com a tipografia que se deseja e no formato conveniente. Assim é que não se perdeu o hábito de manusear livros, mas o que se manuseia de fato é um belo artifício eletrônico.

Na base de seu constante esforço de auto-superação científica e tecnológica está um outro pendor generalizado.

É o de estimulair a criatividade artesanal e artística. Aqui não há, visivelmente, nenhum artista profissional. Toda gente, ou quase toda, faz artes, que podem se concretizar, por exemplo, na especialização no uso do tomo de madeira, no fabrico de cadeiras, na tecelagem de mantas ou em mil coisas mais. Em cada casa que visitamos, o orgulho do morador era mostrar a beleza das coisas que tinha, dizendo de cada qual quem a fez e nela se expressou tão belamente.

O que mais nos espantou em Ivy-Marãen foi a negação de todas as mulheres a casar-se. Só aceitam integrar a comunidade a que chamam casamento bororo. Ele consiste em viverem juntas vida autônoma, num casarão, as mulheres de várias gerações que integram aquela comunidade. Lá recebem seus maridos e têm filhos, que pertencem totalmente a elas e crescem todos juntos, aos cuidados daquele enorme mulherio. Para os filhos, o pai não é mais que um namorado eventual da mãe, que ela pode mandar embora para a comunidade dele e arranjar outro na hora que queira. O importante, para as crianças, ó o tio materno, que está sempre por ali, conversando com eles e participando ativamente da vida comunitária.

Essa família esdrúxula, que nem é família, surgiu do fracionamento da antiga família nuclear, quase sempre fracassada, em que os avós se convertem em sogros insuportáveis e as crianças eram de fato entregues a creches. O casamento bororo superou todas essas dificuldades e floresce belamente, com mulheres namoradeiras e felizes e filhos crescendo contentes.

# caDeRNos ULTRaMaRes